La bicicleta, por Karl Drais Von Sauerbronn, en 1818

La fotografía, por Joseph Nicéphore Niepce, en 1825

El barco de vapor, por Robert Fulton, en 1803

La locomotora de vapor, por Richard Trevithick, en 1804

La electricidad con la pila eléctrica, por Volta, en 1801

© Editions Philippe AUZOU, Paris (France) 2007
Título original : Mon petit manuel d'expériences

© De la edición castellana:
Editorial Zendrera Zariquiey, Barcelona 2008
Avda. Marina, 25, Nave 1 –Tel. 93 654 82 91
08830 Sant Boi de Llobregat (Barcelona)
www.editorialzendrera.com
Traducción: Joana Martí Casals
Preimpresión: ZTE
Producción y coordinación editorial: Valentina González
Primera edición : Octubre 2008
ISBN: 978-84-8418-370-9
Textos: Marie-Charlotte Miron, Mélanie Pérez (doctora del MuseoNaciona de Historia Natural de París)
Ilustraciones: Sandrine Lamour
Diseño cubierta y guardas: Marie Auvinet

Printed and bound in September 2008
by Book Partners China Ltd.

Mi pequeño manual de experimentos

¡Ideas geniales para divertirse haciendo experimentos!

Sumario

¡Hola!

Me llamo Lea y él es mi hermano Hugo.
¿Te gusta hacer experimentos? Entender cómo
funcionan una bombilla o un microscopio puede ser
apasionante. Hemos seleccionado para ti los métodos
para comprender mejor el mundo que te rodea: un
molino de viento, una cometa, un barco a reacción...
También te explicaremos las técnicas del cine y de
la fotografía. Te iremos guiando a lo largo del libro,
explicándote paso a paso las diferentes etapas.
¿Listo?

¡ATENCIÓN!
Si ves este símbolo,
pide la ayuda de un adulto.

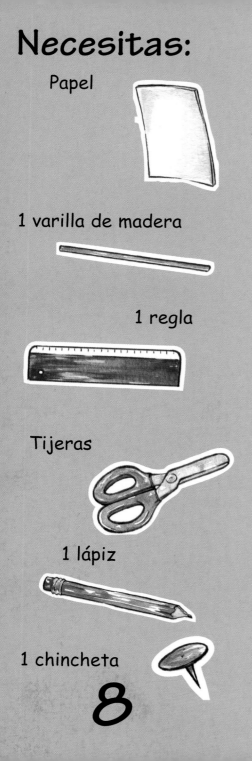

Necesitas:

Papel

1 varilla de madera

1 regla

Tijeras

1 lápiz

1 chincheta

8

El molino de viento

1 Recorta un cuadrado de 21 centímetros de lado.

2 Dibuja, como en el dibujo, las diagonales del cuadrado, con la regla y el lápiz.

3 Partiendo de cada ángulo, mide 8,5 centímetros sobre las diagonales y haz una marca con el lápiz.

Corta el papel siguiendo las líneas del dibujo hasta las marcas que has hecho en lápiz.

4

Dobla uno de cada dos ángulos hasta el centro. Con la chincheta, fija los ángulos doblados en el centro.

5

6

¿Sabías que…?

Los molinos de viento permiten producir energía gracias al viento. Son el antepasado de las eólicas.

Se utilizaban mucho para moler los cereales, para producir aceite, para bombear agua o también en los aserraderos (industrias en las que se sierra la madera).

Hoy en día han sido substituidos por otra fuente de energía: la electricidad.

9

Necesitas:

1 compás

Cartulina blanca

1 lápiz

1 cordel largo

1 pesa

Plastilina

16 palillos

1 gancho

1 goma de borrar

10

Y sin embargo…
¡la tierra gira!

«¡Y sin embargo, gira!» exclamó Galileo (1564-1642) cuando se dio cuenta de que la tierra no se estaba quieta sino que giraba alrededor de su eje. Hay que esperar hasta 1851 cuando el físico francés Foucault demostró con un péndulo que la afirmación de Galileo era cierta.

1 Con el compás, dibuja un círculo de 20 cm de diámetro sobre la cartulina y divídelo en cuatro partes iguales y después dibuja una línea cortando cada ángulo en dos. Vuelve a empezar hasta obtener 16 partes iguales. Después borra las líneas.

2 Fabrica el péndulo: ata la pesa con el cordel y cuélgala del techo con el gancho.

Coloca la cartulina en el suelo donde la pesa está suspendida y dibuja una flecha. La pesa tiene que estar muy cerca de la cartulina pero sin tocarla. Así podrás apuntar el sitio en el que pones el péndulo en movimiento.

3

Con la plastilina, fija los palillos alrededor del círculo.

4

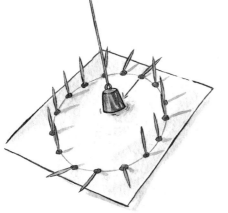

Pon el péndulo en movimiento y déjalo oscilar. Al cabo de una hora, el péndulo habrá cambiado de dirección y habrá hecho caer otros palillos que los del principio. Eso demuestra que la Tierra gira.

5

¿Sabías que...?

¿Que tu también giras aunque tengas la sensación de estar quieto?

¡Aunque te quedes todo el día en la cama, recorres 2,5 millones de kilómetros! Es la distancia que recorre la tierra cada día alrededor del Sol. No sólo gira sobre ella misma, también gira alrededor del Sol. La Tierra no es el único planeta que gira alrededor del Sol. Los ocho planetas son: Mercurio, Venus, la Tierra, Marte, Júpiter, Saturno, Urano y Neptuno.

Necesitas:

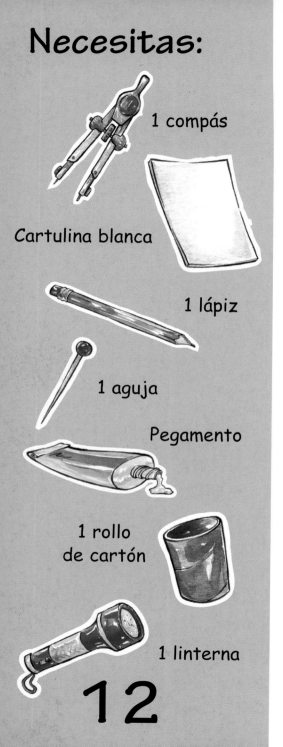

1 compás

Cartulina blanca

1 lápiz

1 aguja

Pegamento

1 rollo de cartón

1 linterna

12

El cielo en tu habitación

1 Ayudándote con el compás, dibuja en la cartulina un círculo que sea un poco más grande que el diámetro del rollo de cartón. Recorta el disco obtenido.

2 Sobre el disco, dibuja las constelaciones de Casiopea, de la osa mayor y de Cefeo, como en el dibujo contiguo.

3 Con la punta de la aguja, haz un agujero en cada una de las estrellas.

Pega tu disco sobre el rollo de cartón y déjalo secar.

En una habitación oscura, enciende la linterna y colócala dentro del rollo de cartón. ¡El techo se transformará en un planetario!

Gira el rollo alrededor de la linterna: las estrellas se moverán alrededor de la estrella Polar (la estrella más brillante de la Osa Menor) igual que en la realidad.

¿Sabías que…?

El planetario es un edificio con una gran cúpula donde se pueden observar las estrellas.

En el planetario, hay instalado un proyector que permite ver el movimiento de las estrellas y la bóveda celeste en la cúpula.

Antiguamente, los marinos se orientaban gracias a la posición de las estrellas. Utilizaban un instrumento que se llama astrolabio.

13

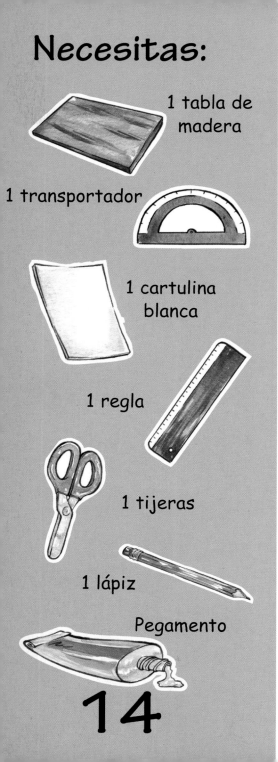

Necesitas:

1 tabla de madera

1 transportador

1 cartulina blanca

1 regla

1 tijeras

1 lápiz

Pegamento

14

El reloj de sol

Con el transportador, dibuja un semicírculo sobre la tabla de madera.

Dibuja una rayita cada 15°. La Tierra da una vuelta sobre ella misma en 24 horas, o sea que efectúa una rotación de 360° en 24 horas. Así que 1 hora corresponde a 360/24 = 15°

ángulo A

Recorta un triángulo rectángulo en la cartulina. El ángulo A debe ser igual al grado de latitud del lugar en el que vives. Por ejemplo, la latitud de Barcelona es 41°23′

4 El lado que te sirva de base debe tener la misma longitud que el radio del semicírculo.

5 Pega el triángulo en medio del semicírculo haciendo coincidir el vértice del ángulo A con el centro del semicírculo.

6 Orienta el ángulo A del reloj de sol hacia el sur. Al mediodía, un día soleado, la sombra del triángulo sobre la tabla de madera indica la hora. Después puedes hacer todas las graduaciones en función a esa hora.

¿Sabías que...?

Los hombres de la Edad Antigua determinaban el tiempo con la ayuda de eventos naturales (las estaciones, las mareas, el ciclo de la luna, etc.)

El primer «indicador de tiempo» fue inventado en 1500 antes de Cristo: es el reloj de sol. Más tarde, se inventó el reloj de arena.

En el siglo XVII, el sabio holandés Christian Huygens inventó el reloj.

15

Necesitas:

1 botella (vacía) de vidrio de 33cl.

1 tapón de plástico

1 embudo

tinta roja

1 pajilla que mida 5 o 6 cm más que la botella

cera

algodón

agua

16

El barómetro

Haz un agujero del mismo diámetro que la pajilla en el tapón de plástico. Mete la pajilla por él.

Mezcla la tinta y el agua en proporciones iguales y vierte 2cm de esa mezcla dentro de la botella.

Cierra la botella con el tapón y comprueba que la pajilla toque el fondo de la botella.

Derrite la cera y extiéndela alrededor del tapón para que la botella quede hermética. 4

Bajo la mirada atenta de un adulto, aspira suavemente por la pajilla, hasta que la mezcla de agua y tinta alcance la mitad de la pajilla. Cuidado: ¡No aspires demasiado fuerte! 5

Tapa la parte de arriba de la pajilla con algodón para que el agua no se evapore. ¡Tu barómetro está listo! 6

¿Sabías que...?

El barómetro sirve para medir la presión atmosférica. Eso permite saber si hará buen tiempo o mal tiempo.

Cuando la presión atmosférica aumenta (se habla entonces de «alta presión»), el aire contenido en la botella está comprimido. El líquido contenido en la pajilla baja. Eso significa que hará buen tiempo..

Al contrario, el liquido de la pajilla sube cuando la presión atmosférica disminuye (se habla de «baja presión»). Eso significa que es probable que llueva.

17

Necesitas:

2 varillas de madera, una de 80cm y la otra de 100cm

1 bobina de nylon

1 hoja grande de papel crespón o de plástico

1 tijeras

pegamento

cordel

18

La cometa

1 Haz una cruz con las dos varillas de madera y pégalas en su intersección. Refuérzala con nylon.

2 Entre cada extremidad de la cruz, tiende nylon para hacer un rombo.

3 Recorta un rombo de papel crespón un poco más grande que el rombo creado por el nylon.

Coloca la cruz sobre
el rombo de papel,
dobla los bordes
y pégalos con cuidado.

Coge 4 trozos de cordel, fíjalos en las 4 puntas
de la cometa y únelos con un nudo. Ata solida-
mente todo el cordel que te quede a este nudo
para poder guiar
la cometa.

Deja suficiente cordel para
poder sujetar la cometa
(unos 5 metros).
¡Tu cometa está lista para volar!

¿Sabías que…?

Las cometas no sólo son
un juguete.
Han servido para hacer
descubrimientos científicos
importantes.

Benjamin Franklin la usó
para estudiar la electricidad.
Guglielmo Marconi la utilizó
de antena durante sus
experiencias de transmisión
de ondas.

En fin, la cometa fue
utilizada como modelo para
estudiar el comportamiento
de los aviones en vuelo.

19

Necesitas:

1 aguja

1 botella de plástico con un tapón

2 trozos de alambre

1 tabla de poliestireno

1 embudo

1 cucharada sopera de bicarbonato

1/2 vaso de vinagre

plastilina

20

El barco a reacción

1 Con la aguja, haz un agujerito en medio del tapón de la botella. Después tápalo con la plastilina.

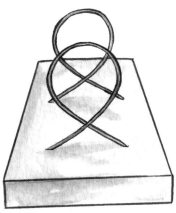

2 Dobla los dos trozos de alambre para que cada uno tenga la forma indicada en el dibujo. La botella tiene que poder pasar por los dos bucles.

3 Fija los alambres a la tabla de poliestireno.

Vierte el bicarbonato (puedes encontrar bicarbonato en una droguería) y el vinagre dentro de la botella. Tápala rápidamente.

Coloca el barco encima del agua.
Quita la plastilina con mucho cuidado.
Aléjate un poco de la botella.
El vinagre y el bicarbonato
producen dióxido de carbono.

El dióxido de carbono se escapa por el agujero del tapón y pone el barco en movimiento.

¿Sabías que…?

Actualmente, la mayoría de los aviones funcionan con un motor a reacción?

En 1927, Charles Lindbergh salió de Nueva York a bordo de un avión pequeño y llegó a París 33 horas más tarde, sin haber hecho ninguna escala.

Hoy en día, es habitual usar el avión como medio de transporte ya que es el más rápido para desplazarse de un sitio a otro. Existen aviones muy grandes como el Airbus A-380.

21

Necesitas:

1 pila
(4,5 voltios)

cable eléctrico
aislado (compuesto
de filamentos de cobre)

1 interruptor

1 tarro con
tapadera
hermética

plastilina

1 clavo

22

La bombilla eléctrica

1 Haz dos agujeros a 3 cm el uno del otro en la tapa del tarro.

(!)

2 Pasa 5 cm de cable eléctrico por cada agujero.
Pela ligeramente lel extremo de cada cable.

3 Corta un trozo de cable eléctrico de 6 cm de longitud. Extrae uno de los filamentos de cobre y enróllalo alrededor del clavo.

Retira el clavo y une el filamento de cobre a las dos extremidades de cable fijadas en la tapadera del tarro.

4

Cierra el tarro y tapa los dos agujeros por donde pasan los cables con plastilina.

5

Une uno de los dos cables directamente a la batería, y el otro a la batería pasando por el interruptor. Dale al interruptor: ¡la bombilla funciona!

6

¿Sabías que...?

Muchas cosas liberan o consumen energía bajo diferentes formas.

Una linterna produce luz.

Comer te da energía.

Cuando pedaleas, pones tu bicicleta en movimiento.

23

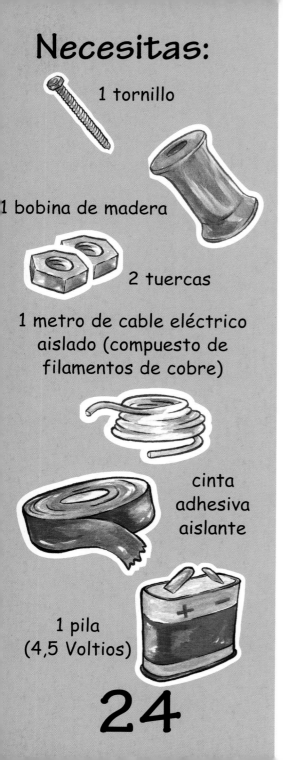

Necesitas:

1 tornillo

1 bobina de madera

2 tuercas

1 metro de cable eléctrico aislado (compuesto de filamentos de cobre)

cinta adhesiva aislante

1 pila (4,5 Voltios)

24

El electroimán

1 Pasa el tornillo por dentro de la bobina y fíjalo con las dos tuercas.

2 Enrolla el cable eléctrico alrededor de la bobina dejando unos 12 cm colgando de cada lado.

3 Pon cinta adhesiva aislante en la parte de arriba y de abajo de la bobina, sobre el cable eléctrico, para que no se deshaga.

Pela 1 cm de hilo en cada extremo.

4

Con la cinta adhesiva aislante, fija cada una de las partes peladas del hilo a un polo de la pila.

5

El tornillo se convierte en electroimán. Atrae los objetos de hierro. Para cortar el contacto sólo tienes que desenchufar uno de los hilos.

6

¿Sabías que...?

Un electroimán es un imán que funciona con electricidad.

Un imán atrae los objetos de hierro. Si pones en contacto una aguja con el electroimán, se cargará de energía electromagnética y también podrá atraer objetos de hierro.

Ahora, frota la aguja en el sentido de su longitud contra el electroimán, en una única dirección. La aguja se convierte en imán y atrae los objetos de hierro, aunque no esté en contacto con el electroimán.

25

Necesitas:

1 tarro de mermelada de vidrio

1 hilo de cobre

1 tira de papel de aluminio

1 trozo de lana

1 peine

1 linterna

26

El electroscopio

1 Haz un agujero en la tapadera y pasa el hilo de cobre por él.

2 Haz un ángulo de 90° con la punta del hilo que estará dentro del tarro.

3 Dobla la banda de aluminio, cuélgala sobre el hilo de cobre y cierra el tarro.

Carga eléctricamente
un objeto: frota el peine
contra la lana.

4

Aguanta el peine sobre
el hilo de cobre que
sobresale de la tapa.

5

Las dos mitades de la
tira de papel de aluminio
se abren y se separan
una de otra.

6

Cuanto más importante sea
la carga eléctrica, más se
separan las dos puntas de
la tira de aluminio.

Para el punto 6: los
extremos de la tira de
aluminio se separan porque
están las dos cargadas de
electricidad del mismo signo.

Con la luz de la linterna,
proyecta la sombra en una
pared. Así podrás observar
mejor la banda de aluminio.

27

Necesitas:

hojas de col
lombarda

3 vasos del mismo tamaño

1 cacerola

1 limón

agua mineral

lejía

agua

1 cuchara

28

El indicador de colores

Vierte dos vasos de agua dentro de la cacerola. Tira varias hojas de col lombarda en el agua.

1

Calienta el agua con la col en la cacerola hasta que el agua quede bien oscura.

2

3

Deja enfriar la mezcla y saca las hojas de col con una cuchara.

Vierte 2 cm de agua colorada por la col en cada uno de los tres vasos.

Vierte unas gotas de limón en el primer vaso, unas gotas de lejía en el segundo vaso y un poco de agua mineral en el tercero. ¡Los líquidos cambian de color!

¿Sabías que...?

Los líquidos pueden cambiar de color. ¡La col es un indicador de color natural! El agua colorada por la col cambia de color en función del acidez del líquido que le añadas. El agua coloreada por la col se vuelve roja cuando le añadimos un líquido ácido como las gotas de limón.

Se vuelve verde si le añadimos un líquido que no sea ácido, llamado «básico», como las gotas de lejía. Si le añadimos un líquido que no sea ni ácido ni básico, llamado «neutro» como las gotas de agua mineral, el agua coloreada por la col sigue del mismo color azul.

29

Necesitas:

1 limón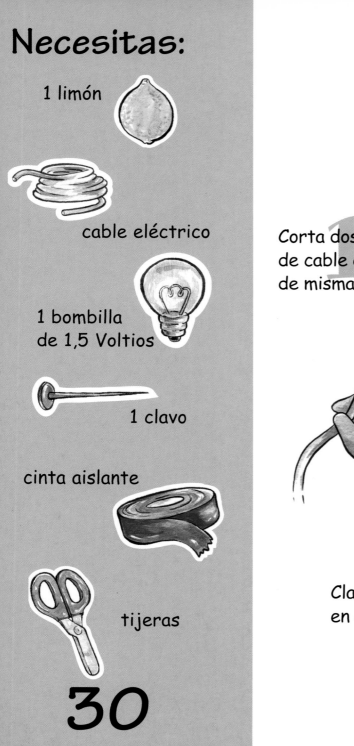

cable eléctrico

1 bombilla
de 1,5 Voltios

1 clavo

cinta aislante

tijeras

30

La pila natural

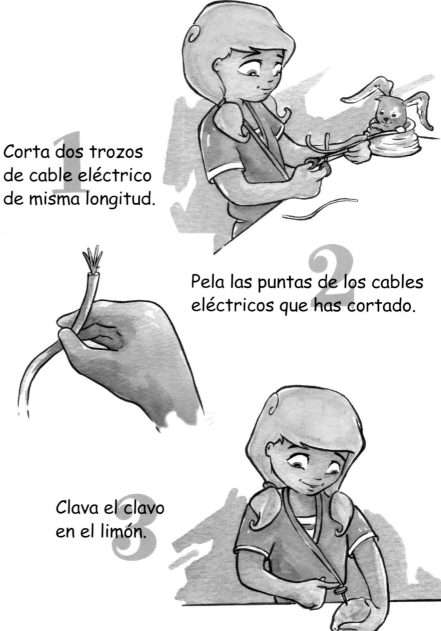

Corta dos trozos
de cable eléctrico
de misma longitud.

1

Pela las puntas de los cables
eléctricos que has cortado.

2

Clava el clavo
en el limón.

3

4 Con la cinta adhesiva, fija la punta de uno de los cables al clavo.

5 Clava una punta del otro cable en el limón.

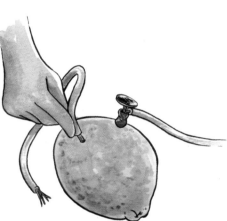

6 Fija, con cinta aislante, la punta del cable atado al clavo en la parte de debajo de la zona metálica de la bombilla como en el dibujo, y la punta del otro cable en la parte de arriba de la zona metálica.
¡La bombilla se enciende!

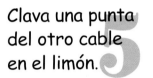

¿Sabías que...?

En 1800, Alessandro Volta inventó la primera pila, la «pila Volta».

Hoy en día, las pilas contienen metales tóxicos que son peligrosos para el medio ambiente.

Cuando están gastadas, hay que tirarlas en unos contenedores especiales.

Necesitas:

1 cartulina de 15x30 cm

papel de plata

1 rollo de cartulina de 5 cm de diámetro

1 disco de vidrio de un diámetro un poco más pequeño que el del rollo de cartulina.

1 espejo redondo de 5 cm de diámetro

1 disco de cartón de 5 cm de diámetro

confetis

celo

32

El calidoscopio

1 Pega la hoja de papel de plata sobre la cartulina y dóblalo en triángulo. Pega con cuidado los bordes con celo.

2 Introduce el triángulo dentro del rollo de cartón y fija el disco de vidrio a unos 2 cm del borde.

3 Coloca algunos confetis sobre el cristal con un poco de pegamento para que los confetis no se caigan.

Cierra el rollo de cartón con el espejo redondo. Sujétalo con celo, el lado reflejante hacia abajo.

Haz un agujerito en el centro del disco de cartón y pégalo al otro extremo del rollo.

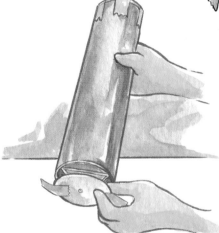

Ahora puedes mirar por el agujero: ¡tu calidoscopio está terminado!

La palabra calidoscopio viene del griego y significa «ver imágenes bonitas».

Para el punto 2: si el disco de vidrio no se sujeta, debes aumentar el tamaño de su diámetro. Lo mejor es pegar un círculo de cartón a su alrededor.

Para el punto 6: cuando miras a través del calidoscopio, ves una preciosa imagen multicolor que parece hecha de muchas imágenes idénticas. Si lo giras y los confetis se mueven, la imagen cambia.

Necesitas:

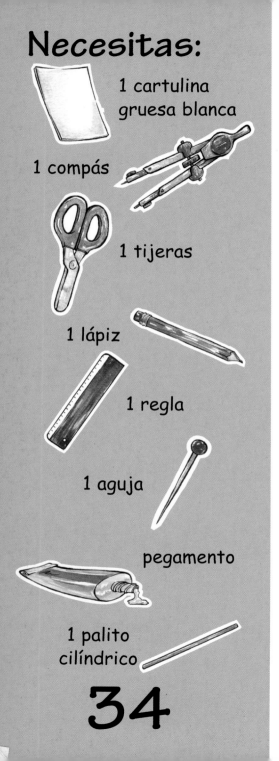

- 1 cartulina gruesa blanca
- 1 compás
- 1 tijeras
- 1 lápiz
- 1 regla
- 1 aguja
- pegamento
- 1 palito cilíndrico

34

1 Con el compás, dibuja un círculo de 5 cm de diámetro y divídelo en cuatro partes iguales.

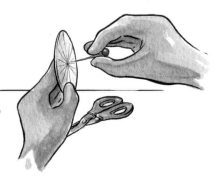

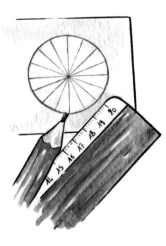

2 Después, dibuja una línea que divida en dos cada ángulo y vuelve a repetir la operación con los ángulos obtenidos. Al final, debes tener 16 ángulos de idéntico tamaño (mira el dibujo contiguo).

3 Recorta el disco de cartulina y haz un agujero en su centro con la aguja.

Pon un poco de pegamento
en una de las puntas del palito.
Pega el palito en el centro del disco.
Déjalo secar y, por el otro lado del
disco, clava la aguja en el palito.

4

Realiza tu experimento
bajo la luz artificial de
una bombilla. Haz girar
el disco alrededor de
la aguja como si fuera
una peonza.

5

Te parecerá que
el disco no se mueve.

6

¿Sabías que...?

El efecto del estroboscopio
es debido a una ilusión
óptica.

Para el punto 5: en tu casa
la corriente es alterna.
Eso quiere decir que la luz
se enciende y se apaga 100
veces por segundo. Pero tus
ojos no pueden percibirlo.

Para el punto 6: si observas
atentamente el disco
mientras gira, tendrás la
sensación que los ángulos
dibujados en lápiz no se
mueven. En realidad, el disco
gira tan deprisa que el ojo
no puede distinguir el dibujo.

Necesitas:

2 rollos de papel higiénico vacíos

papel crespón

2 gomas

1 rollo de nylon

1 vela

2 palillos

El teléfono

El poder hablar con alguien que se encuentra a kilómetros de distancia parecía imposible hasta el día en que Antonio Meucci (1808-1896) inventó el teléfono. Era un mecánico florentino que emigró a los Estados Unidos. Al transformar las ondas sonoras en oscilaciones eléctricas se hizo posible enviar palabras a través de los cables.

Tapa una de los dos extremos de cada rollo con papel crespón y sujétalo con una goma.

1

Frota varias veces el hilo de nylon contra la vela para cubrirlo bien de cera.

2

3 Haz un agujero en el centro del papel crespón y pasa el hilo de nylon a través. Ata el palillo a la punta del hilo de nylon (del lado en el que no hay papel crespón).

4 Haz pasar el hilo de nylon por el otro rollo y ata un palillo de la misma manera.

5 ¡El teléfono está terminado! El hilo siempre tiene que estar bien tenso y no tener nada colocado encima.

¿Sabías que...?

El teléfono no sólo sirve para hablar.

Con un videoteléfono (un teléfono que permite ver imágenes), puedes ver la cara de tu interlocutor.

Con un fax (que va conectado al teléfono), se pueden enviar o recibir cartas y fotos.

Los ordenadores también utilizan las líneas telefónicas para comunicar entre ellos.

37

Necesitas:

4 cartulinas blancas
del tamaño de una
postal

1 tijeras

1 lápiz

clips

pegamento

1 palito
finito

38

El cinematógrafo

Dobla las cartulinas por
la mitad, superponlas
y sujétalas con los clips. **1**

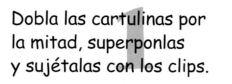

En la primera hoja, dibuja
en el centro algo que te
guste. Aprieta bien con
el lápiz para que el dibujo
quede también marcado
en las otras hojas. **2**

3 Introduce algunos
cambios en función
del primer dibujo
en las hojas de debajo.

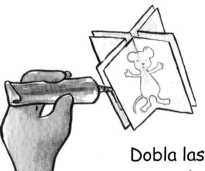

Dobla las cartulinas para que todos los lados en blanco estén los unos contra los otros.

5 Pega los lados en blanco dejando en el centro un poco de sitio para que puedas meter el palito.

6 ¡Qué empiece la sesión! Haz girar el palito entre tus manos.

¿Sabías que...?

El cine no es otra cosa que una sucesión rápida de dibujos proyectados sobre una pantalla.

Para los puntos 2 y 3: los dibujos tienen que ser casi idénticos. No puedes dibujar un ratón sentado en una hoja y corriendo en otra.

Es mejor dibujar un ratón, y después el mismo ratón con las manos y la cola en una posición un poco distinta y así sucesivamente.

39

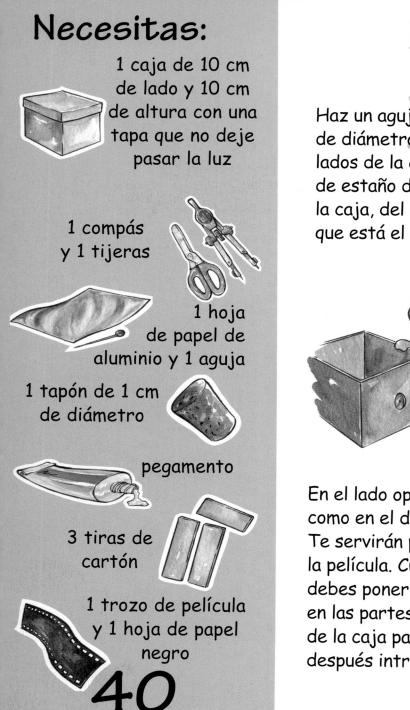

Necesitas:

1 caja de 10 cm de lado y 10 cm de altura con una tapa que no deje pasar la luz

1 compás y 1 tijeras

1 hoja de papel de aluminio y 1 aguja

1 tapón de 1 cm de diámetro

pegamento

3 tiras de cartón

1 trozo de película y 1 hoja de papel negro

La fotografía

1 Haz un agujero de 1 cm de diámetro en uno de los lados de la caja. Pega la hoja de estaño dentro de la caja, del lado en el que está el agujero.

2 Con la aguja, haz un agujerito pequeño en el papel de aluminio y tapa el agujero de la caja con el corcho.

3 En el lado opuesto, pega las tres tiras de cartón como en el dibujo contiguo. Te servirán para sujetar la película. Cuidado, sólo debes poner pegamento en las partes exteriores de la caja para poder después introducir la película.

En una cámara oscura,
desenrolla el carrete
y coloca el trozo de película
entre las tiras de cartón.
Después, cierra la caja.

4

¡La fotografía puede
empezar! Busca un lugar
con luz, saca el corcho
y mantén la caja
inmóvil durante
unos 3 minutos.
Vuelve a poner
el corcho
con cuidado.

5

Vuelve en la cámara oscura,
saca el negativo y enróllalo
con papel negro. Llévalo a
revelar y tendrás la foto
que has tomado.

6

¿Sabías que...?

La primera fotografía
necesitó 8 horas de pose
para que la imagen se
fijara en una delgada
placa de metal.

En el siglo XIX, el tiempo
de pose para poder tomar
una foto era tan largo
que los modelos necesita-
ban un reposacabezas
para quedarse quietos el
tiempo suficiente.

Por suerte, hoy en día
existen cámaras de foto
que fotografían en una
fracción de segundo.

Necesitas:

1 botella de plástico con la parte de arriba cortada

1 tubo de plástico

plastilina

1 vaso

1 recipiente pequeño con agua

1 jarra

1 báscula

42

El principio de Arquímedes

Arquímedes (287 – 212 antes de Cristo) tenía que medir el volumen de una corona para determinar su valor. Una noche, cuando iba a tomarse un baño, el agua se desbordó. Arquímedes tuvo una idea: si sumergía la corona en un recipiente colmado de agua, podría recuperar el agua que se desbordara y medir el volumen de la corona. Gritó: «¡Eureka!», que quiere decir «ya lo tengo» en griego antiguo.

1 Haz un agujero en la botella, mete el tubo por él y fíjalo con plastilina.

2 En la báscula, pesa el pequeño recipiente con agua y el vaso vacío. Apunta el peso que tienen. Llena la botella de agua hasta que llegue al agujero.

Pon la punta del tubo en el vaso y después sumerge el recipiente pequeño con agua dentro de la botella.

3

El recipiente empuja una cierta cantidad de agua y caerá en el vaso. Después, pesa el vaso con el agua que contiene. Ahora, réstale el peso del vaso vacío. Obtendrás así el peso del agua que ha sido expulsada de la botella hacia el vaso.

4

Este peso es igual al del recipiente con agua. ¡Acabamos de demostrar el «principio de Arquímedes»!

5

¿Sabías que...?

Hay dos maneras de hacer flotar un objeto que se hunde. La primera es haciendo aumentar el tamaño del objeto sin que cambie de peso.

La segunda consiste en disolver sal en el agua para hacerla más «pesada». Un huevo se hunde en agua dulce, pero flota en agua salada.

En superficies de agua muy salada, como el mar Muerto, incluso una persona de cierto peso puede tumbarse tranquilamente sobre el agua y leer un libro sin hundirse.

43

ABC de los experimentos

Carga eléctrica: Cantidad de electricidad presente en un objeto. La carga eléctrica puede ser positiva o negativa. Dos objetos de carga eléctrica opuesta se atraen, dos objetos con la misma carga eléctrica se repelan.

Cefeo: Constelación que lleva el nombre de Cefeo, el marido de Casiopea.

Constelación: Conjunto de estrellas que forman un dibujo en el cielo.

Corriente alterna: Cuando la corriente es alterna, la luz se enciende y se apaga 100 veces por segundo, sin que lo notemos a simple vista.

Droguería: Tienda en la que venden productos de limpieza y de mantenimiento.

Electrón: Partícula cargada de electricidad negativa.

Estaño: Metal blando de un color gris claro.

Hermético: Que no deja pasar el agua ni el aire.

Ilusión Óptica: Impresión visual que no es conforme a la realidad.

Imán: Objeto que atrae el hierro.

Máquina de vapor: Máquina que utiliza la energía obtenida a partir del vapor. Las primeras locomotoras eran de vapor.

Osa Menor: Constelación también llamada Carro y que tiene una forma de cacerola.

Oscilar: Hacer un movimiento de vaivén.

Pelar: Sacar la funda aislante de un cable.

Péndulo: Un péndulo es un objeto que oscila alrededor de un punto fijo.

Planetario: Sitio en el que se pueden observar las estrellas proyectadas en una bóveda.

Polo: En una batería, los polos son las extremidades a las que hay que conectar los cables eléctricos.

Presión atmosférica: Peso, presión del aire en un lugar determinado que se mide con el barómetro.

Universo: Todo lo que existe, el mundo entero.

El cine, por los hermanos
Lumière, en 1895

El avión,
por Clément Ader,
en 1890

El coche de gasolina,
por Gottlieb Daimler y
Carl Benz, hacia 1886

El fax, por Alexander Bain,
en 1842

El teléfono, por Antonio
Meucci, en 1871